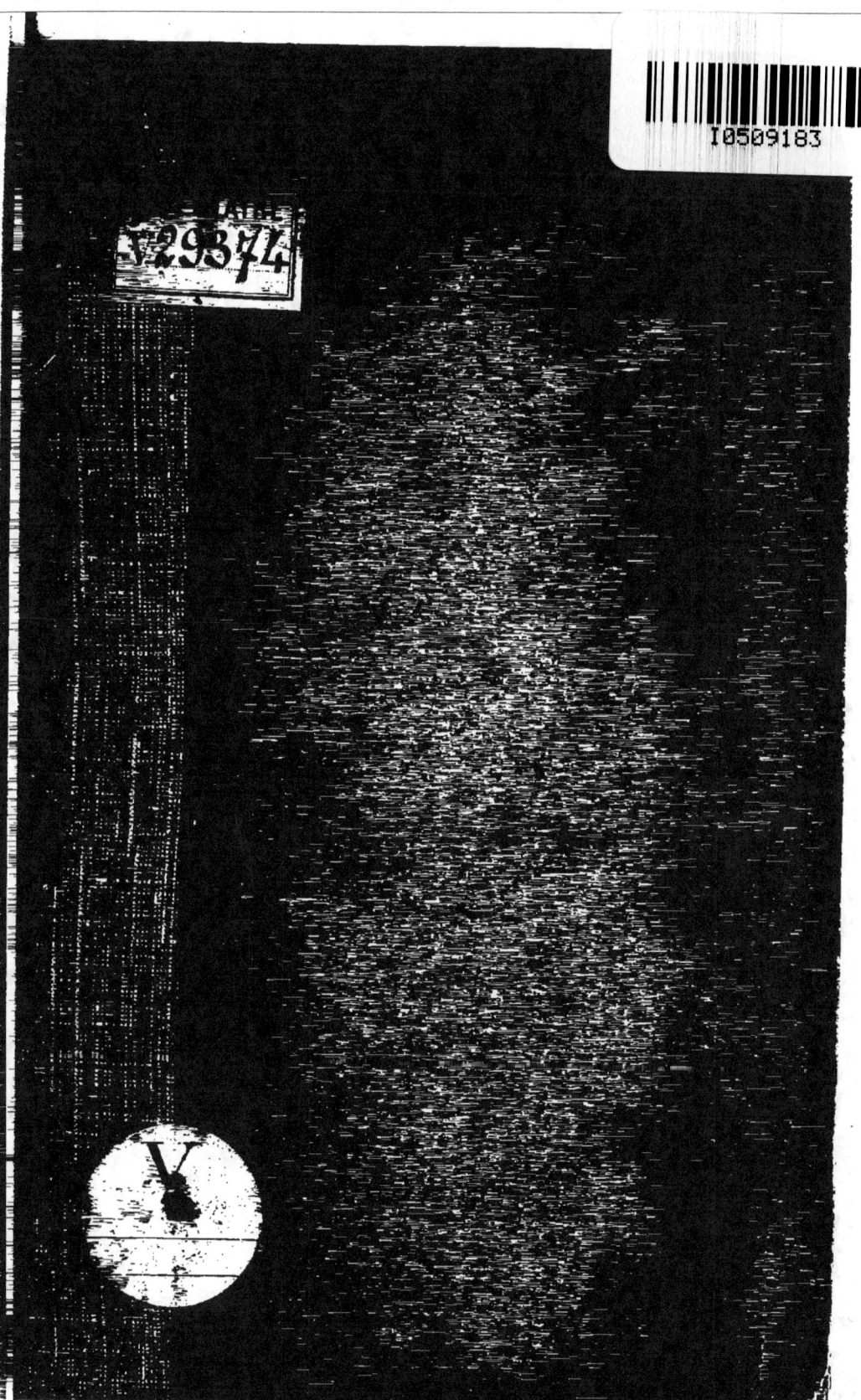

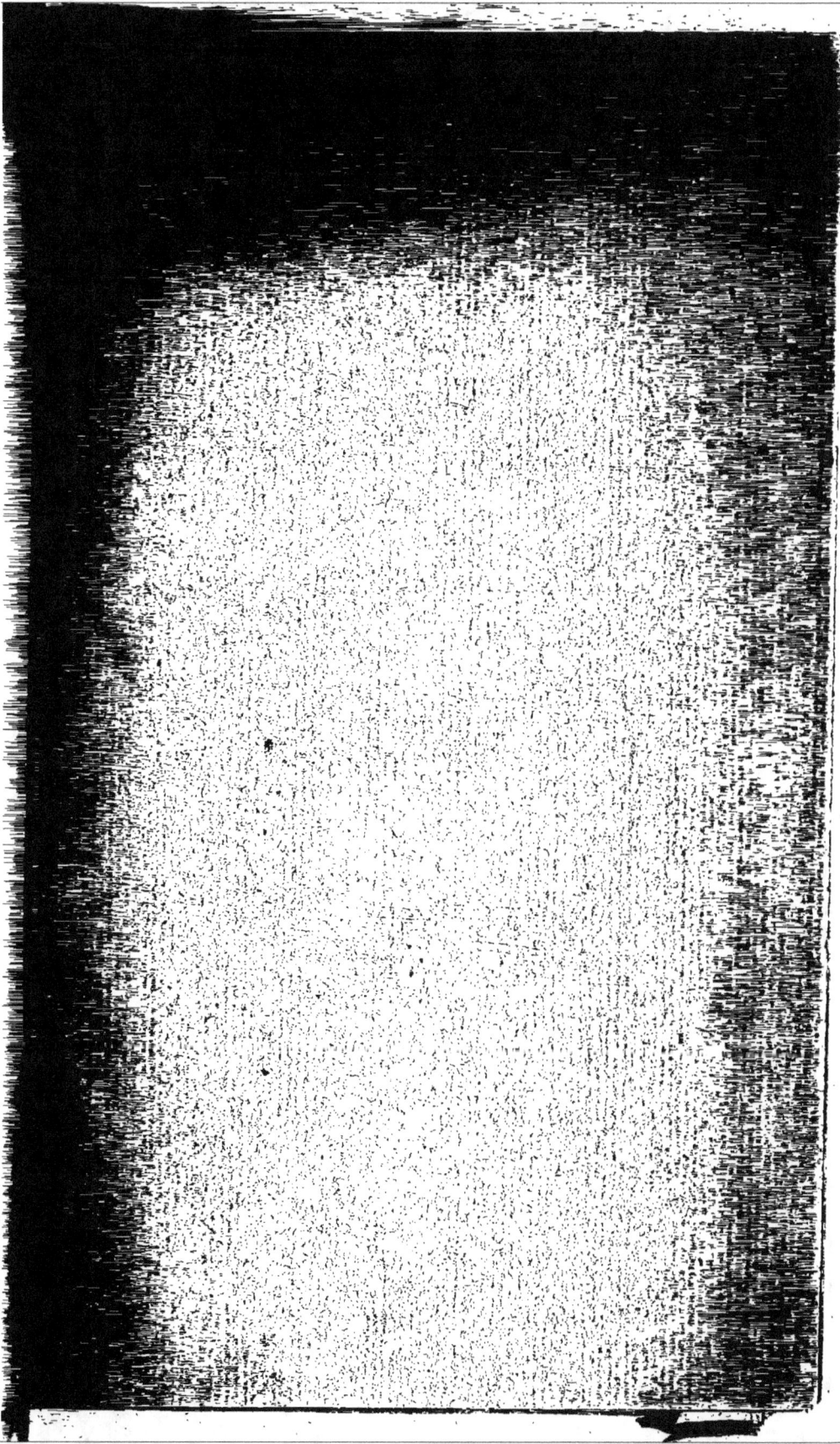

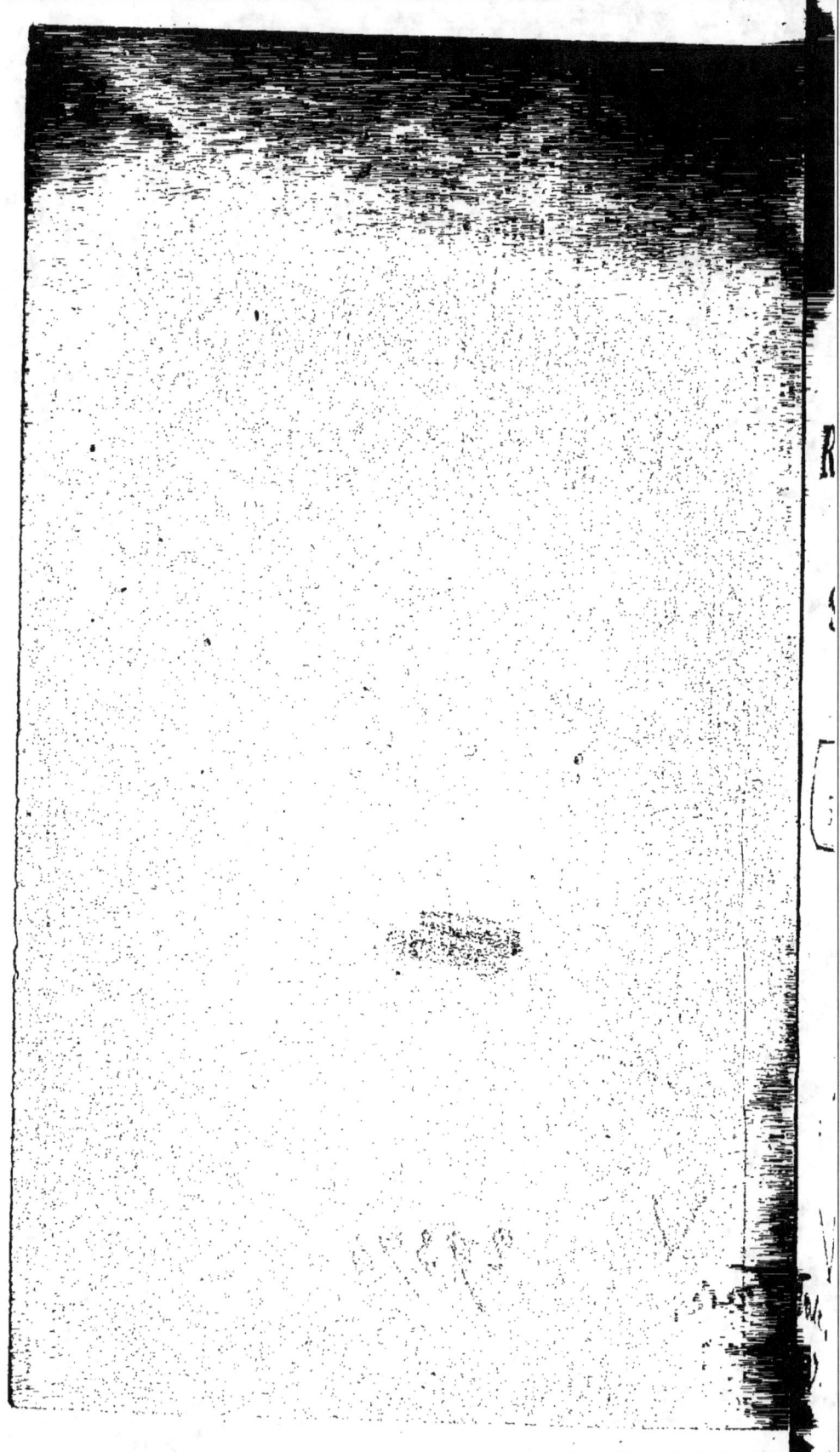

Lavallée

RÉFLEXIONS
SUR LA
SCULPTURE.

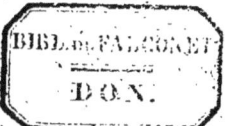

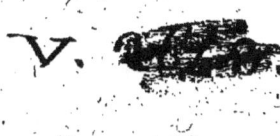

29374

AVERTISSEMENT.

Si l'on regarde ces Réflexions comme des préceptes, elles doivent être jugées à la rigueur. J'aurois beau protester de la bonté de mes intentions, si j'avois avancé quelques faux principes, je pourrois induire en erreur de jeunes Artistes qui n'auroient pas d'assez bons préservatifs contre mes raisonnemens. Si d'ailleurs j'ai eu quelques vues justes, elles pourront être au profit de mon Art; & si je suis repris à propos, dans les endroits où je me serai trompé, ce sera encore au profit de cet Art. Comme ses progrès sont mon unique objet, je désirerois qu'on ne s'en tînt pas seulement à censurer

AVERTISSEMENT.

mes méprises; mais qu'on voulût bien encore fonder la censure, & l'établir en preuves si solides, que le bon goût & la raison n'eussent rien à répliquer.

Il n'en est pas de même de la partie Littéraire; on pense bien que le style d'un Artiste n'étant d'aucun poids dans les Lettres, les fautes grammaticales de ce petit Ecrit ne seront point contagieuses. Je déclare donc à ceux qui voudroient prendre la peine de les relever, que j'ai la persuasion la plus parfaite de mon ineptie à cet égard; que je n'ai pas la plus petite prétention à cette gloire, & qu'il n'y en auroit aucune à démontrer mon ignorance.

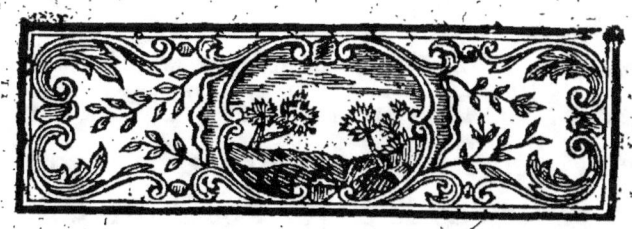

RÉFLEXIONS
SUR LA
SCULPTURE,

Lues à l'Académie Royale de Peinture & de Sculpture, le 7 Juin 1760.

Par ETIENNE FALCONET.

MESSIEURS,

PERSONNE n'est plus attentif que moi aux avis qui se donnent dans cette Académie. On y a souvent encouragé les Artistes à faire part à la Compagnie de

A iij

leurs réflexions sur nos Arts. On y a dit aussi quelquefois qu'un Artiste ne devoit en parler que le crayon, ou l'ébauchoir à la main, & laisser aux Amateurs éclairés le soin de nous entretenir de nos talens.

Quoique je sois assez de cette derniere opinion, j'ai un motif qui me détermine à ne pas m'y conformer aujourd'hui. On m'a demandé quelques Réflexions sur la Sculpture*, & je n'ai pas cru, Messieurs, devoir les produire sans les avoir auparavant soumises à votre jugement.

Je les dois en partie à M. le Moyne, mon Maître. Si d'ailleurs je présentois quelques idées qui eussent besoin d'être rectifiées, pourrois-je les soumettre à un Tribunal plus légitime? C'est de lui principalement que je dois attendre la correction de mes erreurs.

* Elles ont été faites pour servir à l'article *Sculpture*, dans le Dictionnaire Encyclopédique.

La Sculpture, ainsi que l'Histoire, est le dépôt le plus durable des vertus des hommes & de leurs foiblesses. Si nous avons dans la statue de Vénus l'objet d'un culte imbécille & dissolu, nous avons dans celle de Marc-Aurele un monument célèbre des hommages rendus à un Bienfaiteur de l'Humanité.

Cet Art, en nous montrant les vices déifiés, rend encore plus frappantes les horreurs que nous transmet l'Histoire; pendant que, d'un autre côté, les traits précieux qui nous restent de ces hommes rares, qui auroient dû vivre autant que leurs statues, raniment en nous ce sentiment d'une noble émulation qui porte l'ame aux vertus qui les ont préservés de l'oubli. César voit la statue d'Alexandre, il tombe dans une profonde rêverie, laisse échapper des larmes & s'écrie : *Quel fut ton bonheur! A l'âge que j'ai, tu avois déjà soumis une partie de la Terre;*

& moi, je n'ai encore rien fait pour ma propre gloire.

Le but le plus digne de la Sculpture, en l'envisageant du côté moral, est donc de perpétuer la mémoire des hommes illustres, & de donner des modeles de vertus d'autant plus efficaces, que ceux qui les pratiquoient ne peuvent plus être les objets de l'envie. Nous avons le portrait de Socrate, & nous le vénerons. Qui sait si nous aurions le courage d'aimer Socrate vivant parmi nous ?

La Sculpture a un autre objet, moins utile en apparence ; c'est lorsqu'elle traite des sujets de simples décorations ou d'agrément. Mais alors elle n'en est pas moins propre à porter l'ame au bien ou au mal. Quelquefois elle n'excitera que des sensations indifférentes. Un Sculpteur, ainsi qu'un Ecrivain, est donc louable ou répréhensible, selon que les sujets qu'il traite sont honnêtes ou licencieux.

En se proposant l'imitation des surfaces du corps humain, la Sculpture ne doit pas s'en tenir à une ressemblance froide, tel qu'auroit pu être l'homme avant le souffle vivifiant qui l'anima. Cette sorte de vérité, quoique bien rendue, ne pourroit exciter par son exactitude qu'une louange aussi froide que la ressemblance; & l'ame du Spectateur ne seroit point émue. C'est la nature vivante, animée, passionnée, que le Sculpteur doit exprimer sur le marbre, le bronze, la pierre, &c.

Tout ce qui est pour le Sculpteur un objet d'imitation doit lui être un sujet continuel d'étude. Cette étude éclairée par le génie, conduite par le goût & la raison, exécutée avec précision, encouragée par l'attention bienfaisante des Souverains, & par les conseils & les éloges des grands Artistes, produira des chef-d'œuvres semblables à ces monumens précieux qui ont triomphé de la barbarie des siécles. Ainsi les Sculpteurs qui ne s'en tiendront pas à un tribut de louanges, d'ailleurs si légitimement dues à ces ouvrages sublimes, mais qui les étudieront profondément, qui les prendront pour régle de leurs productions, acquerront cette supériorité que nous admirons dans les statues Grecques. S'il étoit permis de citer en preuve les ouvrages de nos Sculpteurs vivans, il s'en trouveroit dans Paris, à Choisy & à Berlin.

Non-seulement les belles statues de l'Antiquité seront notre aliment, mais encore toutes les productions du génie, quelles qu'elles soient. La lecture d'Homere, ce Peintre sublime, élevera l'ame de l'Artiste, lui imprimera si fortement l'image de la grandeur & de la majesté, que la plûpart des objets qui l'environnent ne lui paroîtront plus que des atômes.

Ce que le génie du Sculpteur peut créer de plus grand, de plus sublime, de plus singulier, ne doit être que l'expression des rapports possibles de la nature, de ses effets, de ses jeux, de ses hasards : c'est-à-dire que le beau, même idéal, en Sculpture, comme en Peinture, doit être un résumé du beau réel de la nature. Il existe un beau essentiel, mais épars dans les différentes parties de l'Univers. Sentir, assembler, rapprocher, choisir, supposer même diverses parties de ce beau, soit dans le caractere d'une figure, comme l'Apollon, soit dans l'ordonnance d'une composition, comme ces hardiesses de Lanfranc, du Corrége & de Rubens; c'est, je crois, montrer dans l'Art ce beau idéal qui a son principe dans la nature.

La Sculpture est sur-tout ennemie de ces attitudes forcées que la nature désavoue, & que quelques Artistes ont employées sans nécessité, & seulement pour montrer qu'ils savoient se jouer du dessein. Elle l'est également de ces Draperies dont toute la richesse est dans les ornemens superflus d'un bisarre arrangement de plis. Enfin elle est ennemie des contrastes *trop recherchés* dans la composition, ainsi que dans la distribution *affectée* des ombres & des lumieres. En vain prétendroit-on que c'est la *machine* ; au fond, ce n'est que du désordre, & une cause certaine de l'embarras du Spectateur & du peu d'action de l'ouvrage sur son ame. Plus les efforts que l'on fait pour nous émouvoir sont à découvert, moins nous sommes émus. D'où il faut conclure que moins l'Artiste employe de moyens à produire un effet, plus il a de mérite à le produire, & plus le Spectateur se livre volontiers à l'impression qu'on a cherché à faire sur lui. C'est par la simplicité de ces moyens que les chef-d'œuvres de la

Grèce ont été créés, comme pour servir éternellement de modèles aux Artistes *.

La Sculpture embrasse moins d'objets que la Peinture; mais ceux qu'elle se propose, & qui sont communs aux deux Arts, sont des plus difficiles à représenter; sçavoir, l'expression, la science des contours, l'art difficile de draper & de distinguer les différentes espèces des étoffes.

La Sculpture a des difficultés qui lui sont particulières. 1°. Un Sculpteur n'est dispensé d'aucune partie de son étude à la faveur des ombres, des fuyans, des tournans & des raccourcis. 2°. S'il a bien composé & bien rendu une vue de son ouvrage, il n'a satisfait qu'à une partie de son opération, puisque cet ouvrage peut avoir autant de points de vue qu'il y aura de points dans l'espace qui l'en-

* Voyez une Lettre de M. de S. P. à M. de B. sur le bon goût dans les Arts & dans les Lettres, imprimée sans date.

vironne. 3°. Un Sculpteur doit avoir l'imagination aussi forte qu'un Peintre ; je ne dis pas aussi abondante. Il lui faut de plus une tenacité dans le génie qui le mette au-dessus du dégoût causé par le méchanisme, la fatigue & la lenteur de ses opérations. Le génie ne s'acquiert point, il se développe, s'étend & se fortifie par l'exercice. Un Sculpteur exerce le sien moins souvent qu'un Peintre : difficulté de plus, puisque dans un ouvrage de Sculpture, il doit y avoir du génie comme dans un ouvrage de Peinture. 4°. Le Sculpteur étant privé du charme séduisant de la couleur, quelle intelligence ne doit-il pas y avoir dans ses moyens pour attirer l'attention ? Pour la fixer, quelle précision, quelle vérité, quel choix d'expression ne doit-il pas mettre dans ses ouvrages ?

On doit donc exiger d'un Sculpteur non-seulement l'intérêt qui résulte du tout enfemble, mais encore celui de chacune des parties de cet enfemble, l'ouvrage du Sculpteur n'étant le plus fouvent compofé que d'une feule figure, dans laquelle il ne lui eft pas poffible de réunir les différentes caufes qui produifent l'intérêt dans un tableau. La Peinture, indépendamment de la variété des couleurs, intéreffe par les différens grouppes, les attributs, les ornemens, les expreffions de plufieurs perfonnages qui concourent au fujet. Elle intéreffe par les fonds, par le lieu de la fcène, par l'effet général : en un mot, elle en impofe par la totalité; mais le Sculpteur n'a le plus fouvent qu'un mot à dire : il faut que ce mot foit fublime. C'eft par-là qu'il fera mouvoir les refforts de l'ame, à proportion qu'elle fera fenfible, & que le Sculpteur aura approché du but.

Ce n'eft pas que de très-habiles Sculpteurs n'ayent emprunté les fecours dont la Peinture tire avantage par le coloris; Rome & Paris en fourniſſent des exemples. Sans doute que des matériaux de diverſes couleurs, employés avec intelligence, produiroient quelques effets pittoreſques; mais diſtribués ſans harmonie, cet aſſemblage rend la Sculpture déſagréable & même choquante. Le brillant de la dorure, la rencontre bruſque des couleurs diſcordantes de différens marbres, éblouira l'œil d'une populace toujours ſubjuguée par le clinquant; & l'homme de goût ſera révolté. Le plus certain ſeroit de n'employer l'or, le bronze & les différens marbres qu'à titre de décoration, & ne pas ôter à la Sculpture proprement dite, ſon vrai caractère, pour ne lui en donner qu'un faux, ou pour le moins toujours équivoque. Ainſi en demeurant dans les bornes qui lui ſont preſcrites, la Sculpture ne perdra aucun de ſes avantages; ce qui lui arriveroit certainement

certainement, si elle vouloit employer tous ceux de la Peinture. Chacun de ces Arts a ses moyens d'imitation ; la couleur n'en est point un pour la Sculpture.

Mais si ce moyen, qui appartient proprement à la Peinture, est pour elle un avantage, combien de difficultés n'a-t-elle pas qui sont entièrement étrangères à la Sculpture ? Cette facilité de produire l'illusion par le coloris est elle-même une très-grande difficulté : la rareté de ce talent ne le prouve que trop. Autant d'objets que le Peintre a de plus que le Sculpteur à représenter, autant d'études particulieres. L'imitation vraie des ciels, des eaux, des paysages, des différens instans du jour, des effets variés de la lumiere, & la loi de n'éclairer un tableau que par un seul soleil, exigent des connoissances & des travaux nécessaires au Peintre, dont le Sculpteur est entièrement dispensé. Ce ne seroit pas connoître

B

ces deux Arts, ſi on nioit leurs rapports. Ce ſeroit une erreur, ſi on donnoit quelque préférence à l'un aux dépens de l'autre, à cauſe de leurs difficultés particulières.

La Peinture eſt encore agréable, même lorſqu'elle eſt dépourvue de l'enthouſiaſme & du génie qui la caractériſe; mais ſans l'appui de ces deux baſes, les productions de la Sculpture ſont inſipides. Mais que le génie les inſpire également, rien n'empêchera qu'elles ne ſoient dans la plus intime union, malgré les différences qu'il y a dans quelques-unes de leurs marches. Si ces Arts ne ſont pas ſemblables en tout, il y a toujours la reſſemblance de famille *.

Appuyons donc là-deſſus, c'eſt l'intérêt des Arts. Appuyons-y encore pour éclairer ceux qui en jugent, ſans en connoître

* *Facies non omnibus una,*
Nec diverſa tamen, qualem decet eſſe ſororum.
Ovid. Met. Lib. 2.

les principes : ce qui arrive souvent, même à des esprits du premier ordre. Pour ne rien dire de nos grands Littérateurs modernes, souvenons-nous que Plutarque en a méconnu les rapports, lorsqu'il a écrit que *la Peinture ne dépend point de la Poësie, ni la Poësie de la Peinture, & qu'elles ne se servent aucunement l'une de l'autre**.

Si par une erreur dont on voit heureusement peu d'exemples, un Sculpteur alloit prendre pour de l'enthousiasme & du génie cette fougue déraisonnée qui emportoit le Boronomini & Meſſonnier, qu'il soit persuadé que de pareils écarts, bien loin d'embellir les objets, les éloignent du vrai, & ne servent qu'à représenter les désordres de l'imagination. Quoique ces deux Artistes ne fussent pas Sculpteurs, ils peuvent être cités comme des exemples dangereux, parce que le

* Prop. de Table, Liv. 9. Quest. 15.

B ij

même esprit qui conduit l'Architecte, conduit aussi le Peintre & le Sculpteur. L'Artiste, dont les moyens sont simples, est à découvert ; il s'expose à être jugé d'autant plus aisément, qu'il n'employe aucun *vain* prestige pour échapper à l'examen, & souvent masquer ainsi sa non-valeur. N'appellons donc point beautés dans quelque ouvrage que ce soit, ce qui ne feroit qu'éblouir les yeux, & tendroit à corrompre le goût. Ce goût si vanté avec raison dans les productions de l'esprit humain, n'est que le résultat de ce qu'opère le bon sens sur nos idées : trop vives, il fait les réduire, leur donner un frein : trop languissantes, il fait les animer. C'est à cet heureux tempérament que la Sculpture, ainsi que tous les Arts inventés pour plaire, doit ses vraies beautés, les seules durables.

Comme la Sculpture comporte la plus rigide exactitude, un dessein négligé y feroit moins supportable que dans la Peinture. Ce n'est pas à dire que Raphaël & le Dominiquain n'ayent été de très-corrects & savans Dessinateurs, & que tous les grands Peintres ne regardent cette partie comme essentielle à l'Art : mais, à la rigueur, un tableau où elle ne domineroit pas pourroit intéresser encore par d'autres beautés. La preuve en est dans quelques Femmes peintes par Rubens, qui, malgré le caractère flamand & incorrect, séduiront toujours par le charme du coloris. Exécutez-les en Sculpture sur le même caractère de dessein, le charme sera considérablement diminué, s'il n'est entièrement détruit. L'essai feroit bien pire sur quelques figures de Rimbran.

Pourquoi est-il encore moins permis au Sculpteur qu'au Peintre de négliger quelques-unes des parties de son Art ? Cela tient, je crois, à trois considérations : au tems que l'Artiste donne à son ouvrage ; nous ne pouvons supporter qu'un homme ait employé de longues années à faire une chose commune : au prix de la matière employée ; quelle comparaison d'un morceau de toile à un bloc de marbre ! à la durée de l'ouvrage ; tout ce qui est autour du marbre s'anéantit, mais le marbre reste. Brisées même, ses pièces portent encore aux siécles à venir de quoi louer ou blâmer.

Après avoir indiqué l'objet & le système général de la Sculpture, on doit la considérer encore comme soumise à des loix particulières, qui doivent être connues de l'Artiste, pour ne pas les enfreindre ni les étendre au-delà de leurs limites.

Ce seroit trop étendre ces loix, si on disoit que la Sculpture ne peut se livrer à l'essor dans ses compositions, par la contrainte où elle est de se soumettre aux dimensions d'un bloc de marbre. Il ne faut que voir le Gladiateur & l'Atalante; ces figures Grecques prouvent assez que le marbre obéit, quand le Sculpteur sait lui commander.

Mais cette liberté que le Sculpteur a, pour ainsi dire, de faire croître le marbre, ne doit pas aller jusqu'à embarrasser les formes extérieures de ses figures, par des détails excédens & contraires à l'action, & au mouvement représenté. Il faut que l'ouvrage se détachant sur un fond d'air, ou d'arbre, ou d'architecture, s'annonce sans équivoque du plus loin qu'il pourra se distinguer. Les lumieres & les ombres largement distribués concourront aussi à déterminer les principales formes & l'effet général. A quelque distance que s'apperçoivent le Gladiateur & l'Apollon, leur action n'est point douteuse.

Parmi les difficultés de la Sculpture, il en est une fort connue & qui mérite les plus grandes attentions de l'Artiste, c'est l'impossibilité de revenir sur lui-même lorsque son marbre est dégrossi, & d'y faire quelque changement essentiel dans la composition ou dans quelqu'une de ses parties. Raison bien forte pour l'obliger à réfléchir son modèle, & à l'arrêter de maniere qu'il puisse conduire sûrement les opérations du marbre. C'est pourquoi, dans de grands ouvrages, la plûpart des Sculpteurs font leurs modèles, au moins ils les ébauchent sur la place où doit être l'objet. Par-là, ils s'assurent invariablement des lumières, des ombres & du juste ensemble de l'ouvrage, qui, étant composé au jour de l'attelier, pourroit y faire un bon effet, & sur la place un fort mauvais.

Mais cette difficulté va plus loin encore. Le modèle bien réfléchi & bien arrêté, je suppose au Sculpteur un instant d'assoupissement ou de délire. S'il

travaille

travaille alors, je lui vois eſtropier quelque partie importante de ſa figure, en croyant ſuivre & même perfectionner ſon modèle. Le lendemain, la tête en meilleur état, il reconnoît le déſordre de la veille, ſans pouvoir y remédier.

Heureux avantage de la Peinture ! Elle n'eſt point aſſujettie à cette loi rigoureuſe. Le Peintre change, corrige, refait à ſon gré ſur la toile; au pis aller, il la réimprime où il en prend une autre. Le Sculpteur peut-il ainſi diſpoſer du marbre ? S'il falloit qu'il recommençât ſon ouvrage, la perte du tems, les fatigues & les dépenſes pourroient-elles ſe comparer ?

De plus, ſi le Peintre a tracé des lignes juſtes, établi des ombres & des lumières à propos, un aſpect ou un jour différent ne lui ravira pas entièrement le fruit de ſon intelligence & de ſes ſoins: mais dans un ouvrage de Sculpture composé pour produire des lumières & des ombres harmonieuses, faites venir de la droite le jour qui venoit de la gauche, ou d'en bas celui qui venoit d'en haut, vous ne trouverez plus d'effet; où il n'y en aura que de désagréables, si l'Artiste n'a pas su en ménager pour les différens jours. Souvent aussi, en voulant accorder toutes les vues de son ouvrage, le Sculpteur risque de vraies beautés, pour ne trouver qu'un accord médiocre. Heureux si ses soins pénibles ne le refroidissent pas, & parviennent à la perfection dans cette partie !

Pour donner plus de jour à cette réflexion, j'en rapporterai une de M. le Comte de Caylus.

La Peinture, dit-il, *choisit celui des trois jours qui peuvent éclairer une surface. La Sculpture est à l'abri du choix, elle les a tous ; & cette abondance n'est pour elle qu'une multiplicité d'étude &*

d'embarras ; car elle est obligée de considérer & de penser toutes les parties de sa figure, & de les travailler en conséquence ; c'est elle-même, en quelque façon, qui s'éclaire ; c'est sa composition qui lui donne ses jours, & qui distribue ses lumieres. A cet égard, le Sculpteur est plus créateur que le Peintre ; mais cette vanité n'est satisfaite qu'aux dépens de beaucoup de réflexions & de fatigues *.

Quand un Sculpteur a surmonté ces difficultés, les Artistes & les vrais Connoisseurs lui en savent gré sans doute ; mais combien de personnes, même de ceux à qui nos Arts plaisent, qui ne connoissant pas la difficulté, ne connoîtroient pas le prix de l'avoir surmonté !

Le nud est le principal objet de l'étude du Sculpteur. Les fondemens de cette

* Extrait du Mercure de France du mois d'Avril 1759.

C ij

étude sont la connoissance des os, de l'anatomie extérieure & l'imitation assidue de toutes les parties & de tous les mouvemens du corps humain. L'Ecole de Paris & celle de Rome exigent cet exercice, & facilitent aux Eleves cette connoissance nécessaire. Mais comme le naturel peut avoir ses défauts, que le jeune Eléve, à force de les voir & de les copier, doit naturellement les transmettre dans ses ouvrages, il lui faut un guide sûr, pour lui faire connoître les justes proportions & les belles formes.

Les statues Grecques sont le guide le plus sûr ; elles sont & seront toujours la règle de la précision, de la grace & de la noblesse, comme étant la plus parfaite représentation du corps humain. Si l'on s'en tient à un examen superficiel, ces statues ne paroîtront pas extraordinaires, ni même difficiles à imiter ; mais l'Artiste intelligent & attentif découvrira dans quelques-unes les plus profondes connoissances du dessein &, s'il est permis d'employer ici ce mot, toute *l'énergie* du naturel. Aussi les Sculpteurs qui ont le plus étudié & avec choix les figures antiques, ont-ils été les plus distingués. Je dis avec choix, & je crois cette remarque fondée.

Quelque belles que soient les statues antiques, elles sont des productions humaines, par conséquent susceptibles des foiblesses de l'Humanité : il seroit donc dangereux pour l'Artiste d'accorder indistinctement son admiration à tout ce qui s'appelle Antiquité. Il arriveroit qu'après avoir admiré dans certains antiques de prétendues merveilles qui n'y sont point, il feroit des efforts pour se les approprier, & il ne seroit point admiré. Il faut qu'un discernement éclairé, judicieux & sans préjugés, lui fasse connoître les beautés & les défauts des Anciens.

& que les ayant appréciés, il marche sur leurs traces avec d'autant plus de confiance, qu'alors elles le conduiront toujours au grand. C'est dans ce discernement judicieux que paroît la justesse de l'esprit, & les talens du Sculpteur sont toujours en proportion de cette justesse. Une connoissance médiocre de nos Arts chez les Grécs suffit pour voir qu'ils avoient aussi leurs instans de sommeil & de froideur. Le même goût régnoit ; mais le savoir n'étoit pas le même chez tous les Artistes. L'Eléve d'un Sculpteur excellent pouvoit avoir la manière de son Maître, sans en avoir la tête.

De toutes les figures antiques, les plus propres à donner les grands principes du nud sont le Gladiateur, l'Apollon, le Laocoön, l'Hercule, Farnese, le Torse, l'Antinoüs, le Groupe de Castor & Pollux, l'Hermaphrodite, & la Vénus de Médicis. Je crois retrouver la trace de ces chef-d'œuvres dans les ouvrages de quelques-uns des plus grands Sculpteurs modernes. Dans Michel Ange on voit une étude profonde du Laocoon, de l'Hercule & du Torse. Peut-on douter en voyant les ouvrages de François Flamand, qu'il n'ait beaucoup étudié le Gladiateur, l'Apollon, l'Antinoüs, Castor & Pollux, la Vénus & l'Hermaphrodite? Le Puget a étudié le Laocoon sans doute & d'autres antiques; mais son principal Maître fut le naturel dont il voyoit continuellement les ressorts & les mouvemens dans les Forçats à Marseille : tant l'habitude de voir des objets plus ou moins relatifs au vrai système des Arts, peut former le goût, ou en arrêter les progrès. Nous qui ne voyons que des ajustemens inventés à contre-sens des beautés du corps humain, que d'efforts ne devons-nous pas faire pour déranger le masque, voir & connoître la nature, & n'exprimer dans nos ouvrages que ce beau indépendant de quelque mode que ce soit. C'est aux grands Artistes, à qui toute la nature est ouverte, à donner les loix du goût *. Ils n'en doivent recevoir aucune des caprices & des bifarreries de la mode.

Je ne dois pas oublier ici une observation importante au sujet des Anciens; elle est essentielle sur la manière dont leurs Sculpteurs traitoient les chairs. Ils étoient si peu affectés des détails, que souvent ils négligeoient les plis & les mouvemens de la peau dans les endroits où elle s'étend & se replie, selon le mouvement des membres. Cette partie de la Sculpture a peut-être été portée de nos jours à un plus haut dégré de perfection. Un exemple décidera si cette observation est ha-

* Voyez dans l'Observateur Littéraire, an. 1759, Tom. 4, Lettre 24, pag. 328, les connoissances nécessaires que je suppose aux Artistes.

fardée : il fera pris dans les ouvrages du Puget.

Dans quelle Sculpture Grecque trouve-t-on le fentiment des plis de la peau, de la molleffe des chairs & de la fluidité du fang auffi fupérieurement rendu que dans les ouvrages de ce célèbre Sculpteur moderne ? Qui eft-ce qui ne voit pas circuler le fang dans les veines du Milon de Verfailles ? Et quel homme fenfible ne feroit pas tenté de fe méprendre en voyant les chairs de l'Andromede ; tandis qu'on peut citer beaucoup de belles figures antiques où ces vérités ne fe trouvent pas ? Ce feroit donc une forte d'ingratitude, fi reconnoiffant, à tant d'autres titres, la fublimité des Sculptures Grecques, nous refufions nos hommages à un mérite qui fe trouve conftamment fupérieur dans les ouvrages d'un Artifte François.

La honteufe manie de relever les défauts des plus beaux ouvrages n'eſt point l'objet de cette obſervation. L'Artiſte qui ne ſentiroit pas de combien les beautés l'emportent ſur les négligences & les défauts dans les monumens précieux de l'Antiquité, ſeroit ou égaré par ce déſordre effrené enfant du délire, ou arrêté par cette exactitude que la médiocrité calcule à l'inſçu du génie.

Nous avons vû que c'eſt l'imitation des objets naturels, ſoumis aux principes des Anciens, qui conſtitue les vraies beautés de la Sculpture. Mais l'étude la plus profonde des figures antiques, la connoiſſance la plus parfaite des muſcles, la préciſion du trait, l'art même de rendre les paſſages harmonieux de la peau & d'exprimer les reſſorts du corps humain; ce ſavoir, dis-je, n'eſt que pour les yeux des Artiſtes & pour ceux d'un très-petit nombre de Connoiſſeurs. Mais comme la Sculpture ne ſe fait pas ſeulement pour ceux qui l'exercent, ou qui y ont des connoissances, il faut que le Sculpteur, pour mériter tous les suffrages, joigne aux études qui lui sont nécessaires un talent supérieur encore. Ce talent si essentiel & si rare, quoiqu'il semble être à la portée de tous les Artistes, c'est le SENTIMENT. Il doit être inséparable de toutes leurs productions. C'est lui qui les vivifie; si les autres études en sont la base, le sentiment en est l'ame. Les connoissances acquises ne sont que particulières; mais le sentiment est à tous les hommes; il est universel: à cet égard, tous les hommes sont juges de nos ouvrages.

Exprimer les formes des corps & n'y pas joindre le sentiment, c'est ne remplir son objet qu'à demi. Vouloir le répandre par-tout sans égard pour la précision, c'est ne faire que des esquisses & ne produire que des rêves, dont l'impression se dissipe en ne voyant plus l'ouvrage, même en le regardant trop longtems. Joindre ces deux parties, (mais quelle difficulté !) c'est le sublime de la Sculpture.

BAS-RELIEFS.

Comme le bas-relief est une partie très-intéressante de la Sculpture, & que les Anciens n'ont peut-être pas laissé dans les leurs assez d'exemples de tous les moyens d'en composer, je vais essayer quelques idées sur cette sorte d'ouvrage.

Il faut principalement distinguer deux sortes de bas-reliefs, c'est-à-dire le bas-relief doux & le bas-relief saillant, déterminer leurs usages, & prouver que l'un & l'autre doivent être également admis selon les circonstances.

Dans une table d'Architecture, un panneau, un fronton, parties qui sont censées ne devoir point être percées, un bas-relief saillant, à plusieurs plans, & dont les figures du premier seroient entièrement détachées du fond, feroit le plus mauvais effet; parce qu'il détruiroit l'accord de l'Architecture; parce que les plans reculés de ce bas-relief supposeroient & feroient sentir un renfoncement où il n'y en doit point avoir; ils perceroient le bâtiment, au moins à l'œil. Il n'y faut donc qu'un bas-relief doux & de fort peu de plans; ouvrage difficile, par l'intelligence & la douceur des nuances qui en font l'accord. Ce bas-relief n'a d'autre effet que celui qui résulte de l'Architecture à laquelle il doit être entièrement subordonné.

Mais il y a des places où le bas-relief saillant peut être très-avantageusement employé, & où les plans & les saillies, loin de produire quelque désordre, ne font qu'ajouter à l'air de vérité que doit avoir toute imitation de la nature. Ces places sont principalement sur un Autel, ou telle autre partie d'architecture que l'on supposera percée, & dont l'étendue sera suffisamment grande, puisque dans un grand espace un bas-relief doux ne feroit aucun effet à quelque distance. Ces places & cette étendue sont alors l'ouverture d'un théâtre où le Sculpteur suppose tel enfoncement qu'il lui plaît pour donner à la scène qu'il représente toute l'action, le jeu & l'intérêt que le sujet exige de son Art, en le soumettant toujours aux loix de la raison, du bon goût & de la précision. C'est aussi l'ouvrage par où l'on peut reconnoître plus aisément les rapports de la Sculpture avec la Peinture, & faire voir que les principes que l'une & l'autre puisent dans la nature, sont absolument les mêmes. Loin donc toute pratique subalterne, qui n'osant franchir les bornes de la coutume, mettroit ici une barriere entre l'Artiste & le génie.

Parce que d'autres hommes, venus plusieurs siecles avant nous, n'auront tenté de faire que quatre pas dans cette carriere, nous n'oserions en faire dix ! Les Sculpteurs anciens sont nos Maîtres, sans doute, dans les parties de leur Art où ils ont atteint la perfection ; mais il faut convenir que dans la partie pittoresque des bas-reliefs, nous ne devons aucun égard à leur autorité.

Seroit-ce parce qu'ils ont laissé quelques parties à ajouter dans ce genre d'ouvrage, que nous nous refuserions à l'émulation de le perfectionner ? Nous qui avons porté notre Peinture au-delà de celle des Anciens, pour l'intelligence du clair-obscur, n'oserions-nous prendre le même essor dans la Sculpture ? Le Bernin, Legros, Alegarde, nous ont montré qu'il appartient au génie d'étendre le cercle trop étroit que les Anciens ont tracé dans leurs bas-reliefs. Ces grands

Artistes modernes se sont affranchis avec succès d'une autorité qui n'est recevable qu'autant qu'elle est raisonnable.

Je n'introduis donc aucune nouveauté, puisque je m'appuye sur des exemples qui ont un succès décidé. Si mon système sur le bas-relief étoit une innovation, comme elle tendroit à une plus juste imitation des objets naturels, son utilité la rendroit nécessaire.

Je ne veux laisser aucune équivoque sur le jugement que je porte des bas-reliefs antiques. J'y retrouve, ainsi que dans les belles statues, la grande manière dans chaque objet particulier, & la plus noble simplicité dans la compotion; mais, quelque noble que soit cette composition, elle ne tend en aucune sorte à l'illusion d'un tableau, & le bas-relief y doit toujours prétendre.

Si le bas-relief est fort saillant, il ne faut pas craindre que les figures du premier

mier plan ne puiſſent s'accorder avec celles du fond. Le Sculpteur ſaura mettre de l'harmonie entre les moindre ſaillies & les plus conſidérables : il ne lui faut qu'une place, du goût & du génie. Mais il faut l'admettre, cette harmonie : il faut l'exiger même, & ne point nous élever contr'elle, parce que nous ne la trouvons pas dans des bas-reliefs antiques.

Une douceur d'ombres & de lumieres monotones qui ſe répétent dans la plûpart de ces ouvrages, n'eſt point de l'harmonie. L'œil y voit des figures découpées & une planche ſur laquelle elles ſont collées, & l'œil eſt révolté. Art divin de percer la toile, ne franchiras-tu jamais cette barriere inſipide, qui ne doit ſes admirateurs qu'à ſon ancienneté ?

Afin qu'on ne croye pas que je fabrique une chimère qui n'a d'exiſtence que

D

dans mon imagination, je dois prouver que cette admiration mal entendue peut avoir quelque exiſtence plus réelle. Elle a été ſoutenue dans notre Académie par un de ſes Recteurs *. Après avoir parlé des bas-reliefs où les plans ſeroient obſervés ſelon la dégradation naturelle, & après les avoir blâmés, il dit : *Cet ordre de bas-relief, quoique naturel, n'a aucun rapport avec les bas-reliefs des Sculpteurs anciens, qui n'ont voulu faire aucune figure inutile, ni perdue par la diſtance éloignée d'où on les doit voir, & c'eſt avec juſte raiſon qu'ils y ont tenu leurs figures, tant celles de devant que celles de derriere, les plus grandes qu'ils ont pû, afin de les faire paroître & de bien faire connoître tout le ſujet de l'hiſtoire*

---

* Conférence manuſcrite du 9 Juillet 1673 ſur l'ordre que le Sculpteur doit tenir pour faire des bas-reliefs ſelon les antiques, par M. Anguier, Sculpteur.

avec peu de figures, de la distance dont elles doivent être regardées. Il conclut, après quelques autres observations, *que les figures seront peu différentes de leurs hauteurs, & presque d'une même grandeur ; qu'étant ainsi, il n'y aura rien de perdu.*

Ce seroit mal défendre la cause des bas-reliefs antiques, si on disoit que ce fond qui arrête si désagréablement la vûe, est le corps d'air serein & dégagé de tout ce qui pourroit embarrasser les figures. Puisqu'en peignant ou dessinant d'après un bas-relief, on a grand soin de tracer l'ombre qui borde les figures & qui indique si bien qu'elles sont collées sur cette planche, qu'on appelle fond, on ne pense donc pas que ce fond soit le corps d'air. Il est vrai que cette imitation ridicule est observée pour faire connoître que le dessein est fait d'après de la Sculpture. Le Sculpteur est donc seul blâmable d'avoir donné à son ouvrage un ridicule qui doit être représenté dans les copies ou les imitations qui en sont faites.

Dans quelque place & de quelque saillie que soit le bas-relief, il faut l'accorder avec l'architecture, & que le sujet, la composition & les draperies soient analogues à son caractère. Ainsi la mâle austérité de l'ordre Toscan n'admettra que des sujets & des compositions simples : les vêtemens en seront larges & de fort peu de plis. Mais le Corinthien & le Composite demandent de l'étendue dans les compositions, du jeu & de la légereté dans les étoffes.

De ces idées générales, je passe à quelques observations particulieres.

La regle de composition & d'effet étant la même pour le bas-relief que pour le tableau, les principaux acteurs occuperont le lieu le plus intéressant de la scène, & seront disposés de manière à recevoir une masse suffisante de lumiere qui attire, fixe & repose sur eux la vue, comme dans un tableau, préférablement à tout autre endroit de la composition. Cette lumiere centrale ne sera interrompue par aucun petit détail d'ombres maigres & dures qui n'y produiroient que des taches & détruiroient l'accord. De petits filets de lumiere qui se trouveroient dans de grandes masses d'ombre, détruiroient également cet accord.

Point de raccourci sur les plans de devant; principalement si les extrémités de ces raccourcis sortoient en avant : ils n'occasionneroient que des maigreurs insupportables. Perdant de leur longueur naturelle, ces parties seroient hors de vraisemblance & paroîtroient des chevilles enfoncées dans les figures. Ainsi pour ne point choquer la vûe, les membres détachés doivent, autant qu'il sera possible, gagner les fonds. Placées de cette manière, il en résultera un autre avantage : ces parties se soutiendront dans leur propre masse ; en observant cependant que, lorsqu'elles sont détachées, elles ne soient pas trop adhérentes au fond ; ce qui occasionneroit une disproportion dans les figures & une fausseté dans les plans.

Que les figures du second plan ni aucune de leurs parties ne soient aussi saillantes, ni d'une touche aussi ferme que celle du premier ; ainsi des autres plans suivant leur éloignement. S'il y avoit des exemples de cette égalité de touche, fussent-ils dans des bas-reliefs antiques, il faudroit les regarder comme des fautes d'intelligence contraires à la dégradation, que la distance, l'air & notre œil mettent naturellement entre nous & les objets. Dans la nature, à mesure que les objets s'éloignent, leurs formes deviennent à notre égard plus indécises : observation d'autant plus essentielle, que dans un bas-relief les distances des figures ne sont rien moins que réelles. Celles qu'on suppose d'une toise ou deux plus reculées que les autres, ne le sont quelquefois pas d'un pouce. Ce n'est donc que par le vague & l'indécis de la touche, joints à la proportion diminuée selon les régles de la Perspective, que le Sculpteur approchera davantage de la vérité & de l'effet que présente la nature. C'est aussi le seul moyen de produire cet accord que la Sculpture ne peut trouver & ne doit chercher que dans la couleur unique de sa matiere.

Il faut sur-tout éviter qu'autour de chaque figure il regne un petit bord d'ombre également découpée, qui, en ôtant l'illusion de leurs saillies & de leur éloignement respectif, leur donneroit encore l'air de figures applaties les unes sur les autres & enfin collées sur une planche. On évite ce défaut, en donnant une sorte de tournant aux bords des figures, & suffisamment de saillie dans leurs milieux. Que l'ombre portée d'une figure sur une autre y paroisse portée naturellement; c'est-à-dire, que ces figures soient sur des plans assez proches pour être ombrées l'une par l'autre, si elles étoient naturelles. Cependant il faut observer que les plans des figures principales, sur-tout de celles qui doivent agir, ne soient point confus, mais que ces plans soient assez distincts & suffisamment espacés, pour que les figures puissent aisément se mouvoir. Lorsque, par son plan avancé, une figure doit paroître isolée & détachée des autres, sans l'être réellement, on oppose une ombre derriere le côté de sa lumiere, &,

s'il

s'il se peut, un clair derriere son ombre; moyen heureux, que présente la nature au Sculpteur comme au Peintre.

Si le bas-relief est de marbre, les rapports avec un tableau y seront d'autant plus sensibles que le Sculpteur aura su mettre de variété de travail dans les différens objets. Le matte, le grenu, le poli, employés avec intelligence, ont une sorte de prétention à la couleur. Les reflets que renvoye le poli d'une draperie sur l'autre, donnent de la légereté aux étoffes & répandent l'harmonie sur la composition.

Si l'on doutoit que les loix du bas-relief fussent les mêmes que celles de la Peinture, qu'on choisisse un tableau du Poussin ou de le Sueur; qu'un habile Sculpteur en fasse un modèle: on verra si l'on n'aura pas un beau bas-relief. Ces Maîtres ont d'autant plus rapproché la Sculpture de la Peinture, qu'ils ont fait

E

leurs sites toujours vrais, toujours raisonnés. Leurs figures sont, en général, à peu de distance les unes des autres, & sur des plans très-justes: loi rigoureuse qui doit s'observer avec la plus scrupuleuse attention dans un bas-relief. Enfin, je le répéte, cette partie de la Sculpture est la preuve la moins équivoque de l'analogie qui est entre elle & la Peinture. Si l'on vouloit rompre ce lien, ce seroit dégrader la Sculpture & la restreindre uniquement aux statues; tandis que la nature lui offre, comme à la Peinture, des tableaux. Sans entrer dans plus de détail, il suffit de dire qu'à la couleur près, un bas-relief saillant est un tableau difficile.

DRAPERIES.

Il me reste à examiner une partie de la Sculpture, sur laquelle les Artistes ne sont peut-être pas bien d'accord: partie aussi intéressante qu'elle est difficile ; c'est l'art de draper.

Je suppose qu'un Sculpteur épris de la simplicité des belles draperies antiques, & révolté contre quelques bisarreries ingénieuses du Bernin, adopte uniquement le style des plis antiques, & qu'un autre Sculpteur, voyant tous les genres dans la nature, se croye permis, comme son imitateur, de les représenter tous. Il semble que ces deux systêmes, qui paroissent s'exclure, peuvent être avantageux à la Sculpture, & que ce seroit lui préjudicier, si l'un prévaloit sur l'autre. N'en seroit-il pas des arts d'imitation comme des langues, que l'on appauvriroit, si l'on en retranchoit des mots qui seroient seuls signes représentatifs de certaines idées? Si l'on ôtoit à la Sculpture des moyens d'imitation, ne l'appauviroit-on pas aussi? Il ne s'agit donc que de proscrire ce qui seroit ou froid, ou

E ij

pesant, ou extravagant, ou déplacé.

Les draperies qu'on appelle mouillées sont d'un très-bon usage dans la Sculpture, où étant employées sans affectation, sans maigreur, selon le sujet & l'à-propos, elles laissent voir les mouvemens du nud, en rendent les formes plus sensibles, moins embarrassées, & conséquemment plus intéressantes.

Les Sculpteurs Grecs, affectés de la beauté du nud, drapoient avec des étoffes si fines, qu'elles paroissoient mouillées, & quelquefois collées sur la peau. Leurs mœurs, leur climat, leur façon de se vétir, les étoffes dont ils s'habilloient, accoutumoient leurs yeux, & formoient leur goût. Les vêtemens de l'Isle de Cos étoient si transparens, que le nud se voyoit à travers, & les Sculpteurs de la Grèce se régloient sur ces vêtemens pour faire leurs draperies. Mais comme la Sculpture a toute la nature pour objet d'imitation, & que la nature a des beautés de plus d'une espèce, pourquoi un Sculpteur s'asserviroit-il à une seule manière de draper employée selon les tems, les climats & les circonstances ?

Les grands Sculpteurs modernes tels que François, Puget, Alegarde, Legros, Angelo-Rossi, Sarrazin, & le Bernin quelquefois, font voir quelles beautés les étoffes larges & jettées de grande manière, produisent dans la Sculpture. Les anciens Sculpteurs le font voir aussi, mais rarement : de sorte pourtant qu'on pourroit faire la critique du goût exclusif des petites draperies antiques, par des draperies larges du même tems, telles que la draperie du Zénon, qui est au Capitole.

Dans les observations que l'on pourroit faire sur les draperies des Anciens, il ne faut pas confondre le travail avec l'ordre & le choix des plis. Si le travail en est quelquefois sans goût, sans intelligence & sans vérité, l'ordre & le choix en sont presque toujours savans, & propres à donner les plus sublimes leçons. On voit par la belle copie de Legros, aux Thuilleries, l'effet que produisent les draperies antiques, lorsqu'elles sont traitées dans le vrai de la nature. Tous les Artistes qui ont vû l'original de cette figure, savent jusqu'à quel point son exécution est ignoble ; mais entre les mains d'un grand Sculpteur, nous voyons ce que deviennent les plis antiques. La belle exécution des figures de la Fontaine des Innocens montre encore l'emploi heureux qu'on en peut faire. Ces figures sont des Nymphes ; & cette sorte de draperie leur convient.

Osons avouer que les Anciens ont souvent négligé l'étude détaillée de cette partie ; mais ils perdent peu de chose en comparaison de ce qu'ils nous ont laissé à admirer. Aucun Sculpteur ne doit ignorer aujourd'hui que le ciseau réussit très-bien dans la variété du travail que demandent les différentes étoffes. Quelles qu'elles soient, observons que l'espace & la quantité des plis ne soient pas égaux; que leur saillie & leur profondeur, qui produisent les ombres, soient harmonieusement variées : sans quoi, l'œil sera fatigué d'une monotonie telle qu'on la remarque dans les draperies de la famille de Niobé, où les plis, sans intelligence dans la distribution, sans vérité dans l'exécution, sont assez semblables à des cordes, des copeaux, ou des écorces insipidement arrangés. L'harmonie est aussi nécessaire dans la Sculpture qu'elle l'est dans la Musique : les yeux ne sont pas plus indulgens que les oreilles.

Que les plans de chaque pli soient donc disposés de manière à ne produire aucun angle aigu de lumière ou d'ombre, qui en se découpant durement, choqueroit la vue, détruiroit le repos des chairs, &, semblables aux figures Gothiques, ne présenteroit que des détails désunis ; défaut qui affoiblit, étouffe même les beautés réelles d'un ouvrage.

Mais il faut proscrire les draperies voltigeantes ; elles interrompent l'union, divisent l'intérêt, fatiguent l'œil, & empêchent de voir l'objet principal ; excepté pourtant les sujets & les actions où les draperies doivent être nécessairement agitées, comme la chûte d'Icare, Apollon poursuivant Daphné, &c. Alors, traitées avec beaucoup d'art & de légèreté, ces draperies ajoutent à l'intérêt & à la vérité de l'action.

Dans un bas-relief elles s'employent aussi avec succès, pour étendre des lumières & des ombres, lier des groupes & servir utilement à l'agencement d'une composition. Mais si elles sont traversées en sens contraire par une multitude de cassures, comme on en voit dans quelques ouvrages du Bernin, alors elles ont l'air de rochers, & détruisent absolument le repos & l'accord.

Si ces principes sont fondés sur le goût & sur la nature, il en résulte qu'un Sculpteur, en les suivant, pourroit s'éloigner de quelque système particulier. Mais que lui importe ? Il doit savoir que, dans les Arts, la recherche du vrai ne connoît point d'autorité particulière. Qu'il ait le courage de travailler pour tous les tems, & pour tous les pays.

J'ai dit que l'ordre des plis antiques étoit propre à donner les plus sublimes leçons. Il faut donc, pour se former le goût de draper dans les meilleurs principes, consulter les belles draperies antiques, telles qu'elles sont exécutées, préférablement aux draperies modernes, traitées d'une manière plus large, moins froide en général, & plus variées. Cette étude doit être même regardée comme auſſi néceſſaire pour le drapé, que l'étude de l'écorché pour le nud.

Ces principes, une fois reconnus, ſont applicables à tous les ſtyles, & la nature, qui ne perd jamais ſes droits, offrira toujours des variétés & des leçons avantageuſes au Sculpteur, qui aura pris dans l'Antique un préſervatif contre l'abus des différentes manières.

J'ai dit auſſi que les mœurs, le climat, les vêtemens des Grecs, étoient la cauſe de leur goût de draperies ſerrées. Il ne faut donc pas s'étonner ſi les draperies larges n'auroient pas réuſſi à leurs yeux. C'eſt par la même raiſon qu'on n'en voit point dans leur Peinture. La nôce Aldobrandine, Peinture ancienne, eſt compoſée & drapée préciſément comme les ſtatues & les bas-reliefs du même-tems.

Nous avons un ſujet de Coriolan gravé

d'après une Peinture antique trouvée dans les thermes de Titus, dont les figures font très-symétriquement arrangées ; l'ordre & le goût des plis y font traités comme dans les statues antiques.

Les Peintures & les Sculptures trouvées à Herculanum font d'un même style.

Si l'on avoit encore des doutes sur la réussite des draperies larges, on pourroit voir, pour se rassurer, les figures de Legros, de Rusconi, d'Angelo-Rossi, qui sont à Rome, dans Saint Jean-de-Latran ; le Saint André, de François Flamand, dans Saint Pierre ; & tant d'autres figures dont les draperies larges sont unanimement admirées. Si ces Sculpteurs avoient servilement imité les Anciens, & qu'ils n'eussent osé essayer quelque chose d'eux-mêmes, de combien de beautés ne serions-nous pas privés ! *Ce qui nous sert maintenant d'exemple*, pouvoient-ils dire avec Tacite, *a été autrefois sans exemple; & ce que nous faisons sans exemple, en pourra servir un jour.*

FIN.

www.ingramcontent.com/pod-product-compliance
Lightning Source LLC
Chambersburg PA
CBHW050018230526
45470CB00003B/1020